Gurk, 16. Juni 2006

Liebe Brigitte!

Heute am Geburtstag von
P. Jordan durften wir uns
begegnen ... möge er Sie auf
Ihrem Weg begleiten!

Gottes Segen
Ihre Sr. Heidrun

*Licht*Blicke

Sr. Heidrun Bauer SDS

Titelbild: Göttliches (blau), Acryl-Mischtechnik auf Glasplatte (34 x 45 cm), Sr. Heidrun Bauer SDS © 2000. Alle Rechte vorbehalten.

Fotonachweis: S. 29/87: Privat; Titelseite, S. 17, 25, 34/35, 41, 47, 53, 65, 75, 79: Gregor Peda, Passau © 2005. Alle Rechte vorbehalten.
Die auf der Titelseite und den Seiten 17, 25, 29, 34/35, 41, 47, 53, 65, 75 und 79 abgebildeten Werke stammen von Sr. Heidrun Bauer SDS © 2005. Alle Rechte vorbehalten.

Die Grafik auf S. 29 ist übrigens ein Kippbild! (Wohin schaut das Männchen? … Probieren Sie es aus!)

Verfasserin, Herausgeberin und Vertrieb: Sr. Heidrun Bauer SDS, Domplatz 11, A-9342 Gurk, Kongregation der Salvatorianerinnen, Österreichische Provinz, www.sds-austria.at.

„LICHT Blicke" ist im Buchhandel erhältlich oder kann bestellt werden über:
heidrun.sds@dom-zu-gurk.at

ISBN 3-9502093-0-1 1. Auflage 2005

ISBN 3-9502093-0-1
PEDA-KUNSTFÜHRER Nr. 636/2005

Diese Serie wird laufend ergänzt und kann über den Buchhandel bezogen werden.

International präsent: Belgien, Deutschland, Frankreich, Italien, Luxemburg, Österreich, Schweiz, Slowenien, Tschechien, Türkei, Ungarn

KUNSTVERLAG PEDA
Tittlinger Str. 19 · D-94034 Passau · Tel. (0049)/(0)851 / 951686-0 · Fax (0049)/(0)851 / 73629
E-Mail info@kunstverlag-peda.de · www.kirchenfuehrer.de

*Licht*Blicke

Sr. Heidrun Bauer SDS

Dieses Buch sei allen Menschen gewidmet, die sich auf die Suche machen wollen
nach dem „Leben in Fülle" (Joh 10, 10), das Jesus uns anbietet.
In Pater Franziskus Maria v. Kreuze Jordan (1848-1918),
dem Gründer der salvatorianischen Gemeinschaften,
brannte der Vers aus dem Johannesevangelium:
„Das ist das ewige Leben:
dich, den einzigen wahren Gott, zu erkennen
und Jesus Christus, den du gesandt hast." (Joh 17, 3)

Das Evangelium zu verkünden – mit allen Mitteln, die die Liebe Christi eingibt, –
ist der Auftrag unserer weltweiten Gemeinschaft.
Ich will mithelfen, damit viele Menschen
Jesus, den Heiland der Welt,
kennen und lieben lernen.

DANKE sage ich allen,
die mitgeholfen haben, dass dieses Buch möglich geworden ist,
und die dadurch zum Ausdruck bringen,
dass sie eine zeitgemäße Glaubensverkündigung wertvoll und unterstützungswürdig finden.

Inhalt

Ein Wort mit Leuchtkraft

Im Wort das Licht erblicken. Danach sehnen wir uns jeden Morgen, wenn Gott spricht: *„Es werde Licht!“* – *„Und es wurde Licht. Gott sah, dass das Licht gut war. Gott schied das Licht von der Finsternis.“* (Gen 1, 1) Das ereignet sich – oft unbemerkt – an jedem Tag: Schöpfung und Aufgehen der Sonne über den Dächern der Dörfer und den Häusern der Städte, über den Bergen des Landes hinein in die Täler, wo das Licht später ankommt. Ist das auch so mit dem Lichtschein Gottes für unsere Seelen? Wann kommt das Licht in unser Herz? Über die Gipfel des Lebens und in die Schluchten des Leides? Gibt es ein Licht-Wort des Tages, das Gott jeden Tag spricht?

Im Lichtschein des Morgens gestalten wir in unserer Welt die Beziehungen. Wir sind dankbar für alle Worte, die die Augen öffnen und das Licht behutsam in das Leben lassen. Manche aber haben Scheu, dem Licht zu trauen, und sie wagen es nicht oder haben keine Kraft mehr zum Aufschauen. Andere verdunkeln zu oft schon am Morgen mit dem Nebel der Unachtsamkeit und dem Schleier der Alltäglichkeit das Mühen des Lichtes, dem Tag Orientierung zu geben.

Licht-Worte sind nun gesucht. Jeden Tag. Auch schon am Morgen, wenn es hell wird in der Welt unserer Sinne. Schwester Heidrun Bauer ist mit diesem Buch eine Lichtbringerin. Sie lädt ein, mit dem Angebot ihres Wortes das Aufschauen zu wagen und dem inneren Licht des Gottes der Bibel zu trauen. Wie mit einer Laterne in dunkler Nacht geht sie in geistlicher Begleitung die Wege der Menschen mit und erweist sich als Wegweiserin zu den Lichtpunkten des Lebens. Sie bietet sich an, mit diesem Buch die Lichtquellen der eigenen Biografie gemeinsam zu lesen.

Im Hinschauen das Osterlicht entdecken. Die Osterkerze ist das Zeichen, das uns durch Goldkörner auf der Kerze an die Wundmale der Nägel erinnert. Sie zeigt, dass Christus selber der Verwundete und der Auferstandene ist. Wir sehen das Licht. Er zeigte selbst an Ostern den Jüngern und zeigt heute in der Osterkerze uns die Wundmale der Nägel. Ein Licht mit den Symbolen der Leidenschaft der Liebe. In diesem „genagelten“ Licht spüren wir, dass das Leben bei allen Schmerzen und bei aller Mühsal bedeuten kann: Es gibt bei allen Verwundungen und Narben des Körpers, der Seele und des Geistes eine Wandlung in Herrlichkeit. Im Osterlicht werden also alle unsere menschlichen Erfahrungen und Erlebnisse, die guten wie die schweren, durchsichtig und verklärt.

Schwester Heidrun Bauer lässt Freiheit zu schauen oder die Augen zu schließen. Alleine nachzusinnen oder mit anderen zu reden. Mit Gott zu reden oder allein zu lesen. Ihre Lichtblicke helfen, der Hoffnung zu trauen. Sie helfen auch, bei geschlossenen Augen aus müden Gesichtern zu ertasten, was nur mit den Augen des Herzens geliebt werden kann: Gott, der auf uns schaut, – wie die Bibel sagt (Hosea 14, 9) – und zu dem wir sprechen dürfen: Herr, du bist mein Licht und mein Heil. Dein Angesicht will ich suchen! (vgl. Ps 27,1.8)

Im Horizont des Osterlichtes sitzen. Lichtworte sprechen. Leben atmen und das Licht erfassen, das in der Dunkelheit leuchtet. Mit dem reden, von dem es heißt: *„In ihm war das Leben und das Leben war das Licht der Menschen.“* (Joh 1, 4) Und weil dieses Wort Mensch geworden ist in Jesus von Nazareth, leuchtet es auf in der menschgewordenen Liebe unseres Gottes. An seiner Hand findet jeder Mensch dann sein inneres Licht und seinen Weg zum Angesicht Gottes in der himmlischen Stadt, wo wir weder das Licht einer Lampe noch das Licht der Sonne brauchen, denn der Herr unser Gott wird über uns leuchten. (vgl. Offb 22, 4)

Das Buch ist eine Einladung, den Weg zum Licht mitzugehen. Vielleicht sogar oder wieder einmal nach Gurk in Kärnten zu kommen und am Grab der hl. Hemma das bergende Licht des Himmels zu atmen. Die Kirche von Gurk zeigt allen in den vielen Heiligenfiguren und unzähligen Engeln, wie im goldenen Glanz des fest gewordenen Osterlichtes die Kirche des Himmels erstrahlt. Wer immer dazu aufschaut, wird innerlich in Licht verwandelt und darf sich im Widerschein des Glanzes der Herrlichkeit am Leben Gottes erfreuen.

Dr. Alois Schwarz
Bischof von Gurk in Klagenfurt

Stille

Ursprung alles Lebendigen

wenn die Sonne
am Horizont verschwindet
und
der neue Morgen
aussichtslos
als stille Ahnung
stürmisch
das Herz bedrängt

dann
geschieht es
in
mir

du
gebierst
neues Leben

In unserer

Leistungsgesellschaft finden Frauen und Männer oft keine ruhige Minute mehr für sich selbst. Wenn der **Ruf nach Stille** laut wird, dann beginnt oft die Suche nach Gott. Da begibt sich der Mensch auf die Suche nach Orten, wo geglaubt, gebetet und authentisch gelebt wird. Menschen begeben sich auf die Suche nach Menschen, die mit dem Herzen zuhören und die aus Erfahrung antworten.

Wer sich auf die Erfahrung der Stille einlässt, ist oft erstaunt, wie laut sie werden kann. Wenn sich nämlich all jene Gedanken bemerkbar machen, die in der Hektik des Alltags zugedeckt und unterdrückt werden müssen.
Plötzlich melden sich tiefe Gedanken und Sehnsüchte, die im Alltag nur allzu oft mit gut gemeinten Worthülsen, wie *„Mir geht es gut; ich bin gut drauf"*, ruhig gestellt oder mit übertriebenem Aktivismus totgeschlagen werden.
Mann und Frau haben zu funktionieren, doch nicht zu leben. Eine will besser sein als der andere, denn *„Uns wird ja nichts geschenkt!"*. Krank sein hat es nicht zu geben, das stört die Terminplanung. Zielstrebig über Leichen gehen und die eigenen Leichen im Keller vor den Augen der anderen verstecken, weil es sonst zum Himmel stinkt.

Wenn sich das Innenleben endlich zu Wort melden darf, wenn sich der Mensch Zeit nimmt, für sich selbst, für die Beziehung zu Gott, dann beginnt das wahre Leben.
Dann beginnt eine Umkehr der Werte. Die Hinkehr zum wahren Leben. Wenn ich nicht mehr vor meiner eigenen Wahrheit davonlaufe, wenn ich mir selbst ins Gesicht schaue und darin schemenhaft das Abbild Gottes zu erkennen beginne.
Im Erkennen und Anerkennen meiner Geschöpflichkeit, meiner Gebrochenheit, meine Gotteskindschaft entdecken. Mich ins christliche Vertrauen einüben, wo ich geliebt bin – vor jeder Leistung –, entdecken, wie mir Gott mit jedem Atemzug sein JA zum Leben einhaucht, **sein bedingungsloses JA zu mir, so wie ich bin.**

Gipfelstürmer/in

das Ziel
vor Augen
die Diretissima nehmen
ohne Rücksicht
auf Verluste

alte Wunden
reißen immer wieder auf

da
der Gipfel
die Luft ist dünn
Sieger sind einsam

um
diese Erfahrung reicher
orientiere ich mich künftig
an meinem Tempo,
genieße den Weg,
erreiche das Ziel
und
die Zeit
bleibt
auf der Strecke

die tägliche Herausforderung

nehmen
ausbeuten
liegen lassen

zerbrochen
entwurzelt
verdorrt

sehen
berühren
pflegen
vertrauen
warten

Wunden heilen
Narben bleiben

erinnern
erinnern
erinnern
erinnern
erinnern

Durchbruch der Ewigkeit

göttliches Licht
bricht
sich
Bahn

dort

wo
der Hunger
nach Leben

wie
ein
lautloser Schrei

das
JETZT

durchschneidet

Tiefendimension

wirst sichtbar
wenn
die heile Welt
zerbricht

die Rose
– stumme Zeugin –
deutet an
was war

in der Scharfkantigkeit der Spiegel
– Selbsterkenntnis –

die Grenzen
des Vorläufigen sprengend
eröffnet sich
der Blick
in die Tiefe

neue Welten – nur erahnbar

der Spiegelsplitter
weist mir den Weg ...

Juli 1999

Tiefendimension, 1999 – Eitempera-Mischtechnik (50 x 70 cm)

Umkehrprozesse sind Herzensangelegenheiten.

Mit der Frage: *„Will ich mich wirklich dem Licht, dem göttlichen DU, zuwenden?“*, beginnt oft der Weg zurück ins Vaterhaus. So wie der verlorene Sohn in der tiefsten Not begreift, dass es besser ist, zum Vater heimzukehren (vgl. Lk 15, 11-32), als im Schweinedreck zu wühlen, so geht es auch Menschen, die sich wirklich bekehren. Sich selbst einzugestehen: *„Ich bin auf dem Holzweg“*, den eigenen Hochmut und Stolz brechen zu lassen, das bringt nur eine größere Liebe fertig, die Gott uns in Jesus Christus anbietet.

Wenn Maria in ihrem Magnifikat singt: *„Er zerstreut, die im Herzen voll Hochmut sind; er stürzt die Mächtigen vom Thron und erhöht die Niedrigen. Die Hungernden beschenkt er mit seinen Gaben und lässt die Reichen leer ausgehen“* (Lk 1, 46-55), dann heißt das ja, dass da ein Mensch, in diesem Fall eine Frau, begriffen hat, worum es wirklich geht: Mir selbst einzugestehen, dass ich bedürftig bin, dass ich GOTT brauche und dass es letztendlich nur ein mich liebender Gott vermag, meine tiefste Sehnsucht nach Angenommensein, nach Vergebung und Barmherzigkeit zu stillen.

Mein Beitrag ist es, mir meine Abkehr vom göttlichen DU einzugestehen.
Sünde bedeutet ja nichts anderes als Lieblosigkeit: Gegenüber mir selbst, gegenüber meinem oder meiner Nächsten und auch gegenüber Gott.
Wenn ich mir in meiner Selbstgenügsamkeit, meinem Egoismus gefalle bzw. mich von Ängsten lähmen lasse und dabei gar nicht mehr merke, wie ich mich selbst eingekreist und mich vom Lebensstrom abgeschnitten habe, wird es immer schwerer, mich Leben spendenden Impulsen zu öffnen.
Für nichts und für niemanden bin ich mehr empfänglich. Die Offenheit hat sich in Enge gewandelt. Weder meine Mitmenschen, noch das göttliche DU haben eine Möglichkeit, mich zu erreichen.

Wer oder was vermag mein versteinertes Herz aufzubrechen?

Darf es ein göttliches DU?
Darf es jene bedingungslose LIEBE, die in Jesus von Nazareth Fleisch angenommen hat, ja Mensch geworden ist? Jesus ist unser Bruder geworden und dadurch wurden wir alle zu Brüdern und Schwestern. *„Er riss die trennende Wand der Feindschaft nieder“*, so steht es im Epheserbrief (2, 14).

Diese Urversuchung – sein zu wollen wie Gott – hat ihren Ursprung bereits ganz zu Beginn des Menschengeschlechts. *„... ihr werdet wie Gott und erkennt Gut und Böse“*, sagt die Schlange zur Frau (Gen 3, 5).
Diese Urversuchung, zu meinen, Gott enthält uns etwas vor, will uns nicht am göttlichen Leben teilhaben lassen, will uns „klein“ halten, diese Urversuchung bestimmt viele Menschen bis heute.
Dabei ist genau das Gegenteil der Fall: Gott will große Menschen, weil er selbst groß ist. ER will, dass wir unser volles menschliches Potenzial entfalten. Wozu uns der dreifaltige Gott verlocken will ist, dass wir uns dem göttlichen DU anvertrauen sollen, dass wir mit allem was uns freut, was uns belastet, was uns ängstigt, was uns beschäftigt zu Jesus kommen sollen, weil ER der Weg, die Wahrheit und das Leben ist. (vgl. Joh 14, 6)
Jesus will uns lehren, wie wir uns wieder hineinwandeln lassen können in die volle Gemeinschaft mit Gott. Der Heilige Geist, die rû^{a}ḥ[1], wird uns helfen, die Geister zu unterscheiden. Gott wartet sehnsüchtig auf uns. An mir liegt es, daran zu glauben.

[1] Ein hebräischer Begriff aus dem Alten Testament für „Geist“, der großteils in weiblicher Form verwendet wird.

Jesus – Bruder aller

Göttliches
steigt
herab

dringt ein
in
Tiefenschichten

eröffnet
neue
Einsichten

gibt
sich
selbst

nährt
meinen
zyklischen Lebenslauf

ist
menschlich
nah

Zukunft

verborgen im Dunkel
liegst du vor mir
sehnsuchtsvoll
erwarte ich dein Kommen
sehnsuchtsvoll
wag ich mich vor
Schritt
für
Schritt
die Angst im Nacken
Angst vor wem?
Angst wovor?

ich kenn mich nicht
bin nicht
zu Haus in mir
fühl mich nicht wohl

keiner kanns mir sagen
keiner solls mir sagen

will es selbst ergründen

... und Du mein Gott
wirst bei mir sein

Göttliches (blau), 2000 – Acryl-Mischtechnik auf Glasplatte (34 x 45 cm)

festgefahren?

gefangen
in
eigenen
Kreisen

kein
Ausweg
in
Sicht …

Gott
entlockt
mir
mich

Psalm 27

Übersetzung nach Martin Buber,
„Das Buch der Preisungen“[2]

Mein Licht und meine Freiheit ist ER,
vor wem mich fürchten?
Die Trutzwehr meines Lebens ist ER,
vor wem erschrecken?
(Vers 1)

Höre, DU, meine Stimme, ich rufe,
leihe Gunst mir, antworte mir!
Dir spricht mein Herz nach:
„Suchet mein Antlitz“ – dein Antlitz
suche ich, DU!
Verstecke dein Antlitz nimmer vor mir!
(Vers 7+8)

Oh vertraute ich nicht,
SEINE Güte zu sehn im Lande des Lebens!
Hoffe zu IHM!
sei stark,
dein Herz straffe sich,
und hoffe zu IHM!
(Vers 13+14)

[2] Das Buch der Preisungen. Die Psalmen, Martin Buber, © by Gütersloher Verlagshaus, Gütersloh, in der Verlagsgruppe Random GmbH, München.

Vertrauen Nur, wie kann das gehen, mit diesem göttlichen DU (wieder) in Beziehung zu treten? Wie kann ich (wieder) **vertrauen** lernen? Wie und wo lerne ich **beten**? Was bedeutet „beten“ überhaupt?
Ganz einfach gesagt, bedeutet beten: *„Sprechen mit einem lieben Freund“*, wie es Teresa von Avila, die große spanische Kirchenlehrerin, Karmelitin und Mystikerin des 16. Jahrhunderts beschrieb. *„Denn meiner Meinung nach ist inneres Beten nichts anderes als Verweilen bei einem Freund, mit dem wir oft allein zusammenkommen, einfach um bei ihm zu sein, weil wir sicher wissen, dass er uns liebt.“* [3]

Das bedeutet dann auch, dass ich mir Zeit nehmen muss für meine **Gottesbeziehung.** Beziehung geschieht nicht von selbst – keine menschliche Beziehung kann ohne Gespräch gedeihen und was für das Irdische gilt, gilt auch für das Himmlische. In menschlichen Beziehungen wollen wir uns oft nur von unserer schönsten Seite zeigen und dann gibt es ein böses Erwachen. Hinter leeren Fassaden lässt es sich nicht gut wohnen.

Beten drückt sich in vielfältigen Formen und Haltungen aus: im Bitten, im Danken, im Klagen, im Schweigen, im Lachen, im Schreien, im Weinen, im Seufzen, im Singen – im Sitzen, im Stehen, im Knien, im Tanzen, im Gehen und Liegen, um nur einige zu nennen. Das Buch der Psalmen ist dafür das beste Zeugnis. Alles darf der Mensch vor Gott bringen. Wenn ich wirklich mit Gott in Beziehung sein will, dann darf ich nichts außen vor lassen, dann darf ich diesem göttlichen DU mein ganzes Leben bringen – so wie es ist.
Beten kann ich überall. Und doch ist es gut und notwendig zu gewissen Zeiten – an einem guten Ort – alleine oder auch mit anderen Menschen meine Gottesbeziehung zu pflegen.
Wie meinte schon der Fuchs im Buch „Der Kleine Prinz“, als er vergeblich zur selben Stunde auf den Kleinen Prinzen gewartet hatte: *„Es muss feste Bräuche geben.“* [4]

Und auch in der Bibel finden wir dazu ein Wort (Mt 18, 20): *„Denn wo zwei oder drei in meinem Namen versammelt sind, da bin ich mitten unter ihnen“*, sagt uns Jesus zu.

---

[3] Teresa von Avila, Das Buch meines Lebens, HERDER spektrum Bd. 5211.
Aus dem Spanischen von Ulrich Dobhan und Elisabeth Peeters © Verlag Herder, Freiburg im Breisgau, 3. Auflage 2004.

[4] Antoine de Saint-Exupéry, Der Kleine Prinz, © 1950 und 1998 Karl Rauch Verlag, Düsseldorf.

Häutung

Ich schäle mich
aus meinem alten Leben.
Meine Haut
ist dünn geworden, rissig und rau;
sie blutet.

Ich passe nicht mehr
in diese Hülle.

Wirf
mir
Deinen Mantel um,
damit ich mich
darin berge
bis
das Morgenrot
mich
wärmt.

Ver-innerlich-ung, 2000 – Acryl-Mischtechnik auf Leinwand 3-teilig (190 x 120 cm), Meditationsbild im Helga-Treichl-Hospiz des Österreichischen Roten Kreuzes in Salzburg

Mensch-Werdung – Fleisch-Werdung – **Weihnachten** – Gott wird Mensch, damit wir erkennen, wozu wir berufen sind. Nach einem Zitat von Martin Buber drücke ich es so aus: *„Ich werden am göttlichen DU!“*

Dass sich unser Gott so weit zu uns herablässt, damit wir begreifen, wozu wir geschaffen sind, berührt mich immer wieder neu.
Ich fühle mich regelrecht beschämt, wenn ich darüber nachdenke, was DU, Gott, auf Dich nimmst, damit wir be-greif-en!
DU ent-äußer-st Dich wahr-haftig, nicht nur zum Schein. DU wirst einer von uns – ein Menschenkind – DER MENSCHENSOHN!
In diesem Akt wird erst sichtbar, wozu ich, wozu das ganze Menschengeschlecht berufen ist.

Und wenn DEIN göttliches Antlitz heute so wenig sichtbar ist, hängt das *auch* an mir. Nicht *nur* an mir, aber doch auch an mir.

Umso mehr jede Frau und jeder Mann erkennen, wozu er, wozu sie berufen ist, umso mehr leuchtet DEIN Antlitz (wieder) unter uns auf.

Nur, wer will schon im Stall das Licht der Welt erblicken? Will ich selbst Stall sein, will ich meinen Stallgeruch annehmen, will ich Herberge sein für Dich, Gott?
DU willst ja geboren werden, nur, wer will diese Mühen wirklich auf sich nehmen?

Ich will die Schmerzen der Geburt auf mich nehmen, ich will Dich in meinen Stall bitten, damit DU darin aufleuchtest, will Dich hereinbitten, will Dir Heimat geben – Dir, dem Fremden.

Dein Licht kommt wahrlich zum Leuchten, wenn ich Dir mein Dunkel anbiete, wenn ich die Nacht aushalte, wenn ich mein Leid annehme. Dann kommt Deine Stunde, erst dann, erst dann ...

Weihnachten ist kein liebliches Fest. An Weihnachten machst Du, Gott, ernst, weil eine FRAU, eine Jungfrau, JA gesagt hat zu Dir.
Sie hat das Unbegreifliche an sich geschehen lassen, aus freiem Willen hat sie ja gesagt – und blieb Jungfrau, weil sie offen geblieben ist für DICH und Dein Wort.
Das was damals geschehen ist, war einfach und es ist bis heute so geblieben. GOTT will Mensch werden, Du wartest auf mein JA.

Immer wieder will ich mich auf dieses JA einlassen, wenn ihm auch oft ein NEIN vorausgeht. Gott, ich will mich Deinem Liebeswerben immer wieder neu öffnen.

JA – zum Leben sagen

Ich will ein JA leben,
weil mir das NEIN den Atem nimmt

Ich will JA sagen zum Leben,
weil das NEIN nur Mauern baut

Ich will mein JA bewohnen
und das NEIN ins Haus bitten

Ich will im JA mir selber treu sein
und das NEIN wird mein Wächter sein!

Hemma-Pilgerweg

ins
Da-Sein
geboren
unter
Schmerzen

Mensch-Werdung
erleiden
mit
allen
Irrungen
und
Wirrungen

Du-Gott
mittendrin

der
Enge
entkommend

zum
Herzen
flüchtend

die LIEBE
weist
den
Weg

einen
Weg,
der
rational
verborgen
und
nur
im
Glauben
sich
öffnet

tief
unten
im
Reich des Todes
wohin
ER
hinabstieg

dort
lerne
ich
vertrauen

wieder
und
immer wieder

vertrauen
vertrauen
vertrauen

dass
DU-Gott
mich
einen Weg führst,
den
ich
(noch)
nicht kenne

schemenhafte
Zeichen
lassen
mich
DEINE Gegenwart
erkennen

mutig
gehe
ich
weiter

MenschWerdung

ICH
werden
am
göttlichen
DU

(Zitat frei nach Martin Buber)

MenschWerdung, 2001 – Acryl-Mischtechnik auf Holzplatte (19,5 x 23 cm)

JA einer Jungfrau

Je intensiver ich zu beten beginne, umso mehr will ich DEN, zu dem ich bete, kennen lernen. Ich will wissen, woher er kommt, wer er ist, wie ER in Beziehung zu mir steht.

Das Volk Israel hatte bereits eine lange Geschichte mit JAHWE hinter sich, als Gott einer jungen jüdischen Frau in Nazareth durch den Engel Gabriel verkündete, dass sie die Mutter seines eingeborenen Sohnes werden solle. (vgl. Lk 1, 26-38)

Gott lässt sich soweit herab, dass ER sich vom **JA einer Jungfrau** abhängig macht, damit sein Sohn zur Welt kommen kann. Welch eine Größe!

Welch ein Frauenbild, welch ein Gottesbild verbergen sich dahinter?

Maria ist reinen Herzens. Sie ist nicht misstrauisch, sie glaubt und vertraut.

So kann sie sich ganz auf das ihr von Gott verkündete Wort einlassen.

Das einzige, was sie fragt, ist: *„Wie soll das geschehen, da ich keinen Mann erkenne?“* (Lk 1, 34) *„Und der Engel antwortet ihr: Der Heilige Geist wird über dich kommen, und die Kraft des Höchsten wird dich überschatten.“* (Lk 1, 35) ... *„Denn für Gott ist nichts unmöglich. Da sagte Maria: Ich bin die Magd des Herrn; mir geschehe, wie du es gesagt hast. Danach verließ sie der Engel.“* (Lk 1, 37-38)

Welch eine Offenheit des Herzens, die sich hier in **Maria** zeigt. Eine Frau, die voll und ganz JA sagt zu Gottes Willen.

Jungfräulich zu sein, bedeutet in unserer Gesellschaft nicht viel. Das Wort und seine Bedeutung haben viel gelitten. Und doch wäre es sehr schade, wenn es aus unserem Bewusstsein verschwände.

Körperliche Unversehrtheit ist in diesem Zusammenhang eine Sichtweise. Eine andere Sichtweise beleuchtet diese Haltung von innen. Beide Sichtweisen haben ihre Berechtigung. Jeder Mensch, ob Frau oder Mann, kann eine jungfräuliche und keusche Haltung auch einüben. In einem Buch über die Gelübde von Anselm Grün und Andrea Schwarz werden jungfräulich und keusch in einem Atemzug genannt. Einen Abschnitt zum Thema Keuschheit, will ich hier zitieren:

„[Meister] *Eckhart beschreibt in dem schweigenden Ort der Seele das Wesen der Jungfräulichkeit: das Unberührtsein, das Reine und Zarte, das Unversehrte. Schweigen ist die Erfahrung von Unversehrtheit und Lauterkeit. Johannes Cassianus hat diesen Zustand des Menschen puritas cordis genannt, Reinheit des Herzens. Er meint damit eine Lauterkeit, die ganz und gar durchlässig ist für Gott, die nicht verunreinigt wird durch menschliche Überlegungen und Pläne, durch Intrigen und Nebenabsichten.*
Alle Mystiker sind sich darin einig, dass Jungfräulichkeit letztlich diesen unversehrten Ort in mir meint, der unberührt ist von den Erwartungen und Ansprüchen der Menschen, unberührt auch von den eigenen Leidenschaften und Bedürfnissen, unberührt auch von Sünde und Schuld. Die frühen Kirchenväter haben alles, was sie an Maria sahen, auch als Wesen des jungfräulichen Menschen gesehen. Auch wir – so sagen sie – sind letztlich von der Erbsünde unberührt. Es gibt in uns einen Raum, an den die Erbsünde nicht hinreicht. Es ist der jungfräuliche Schoß in uns, in dem Gott auch in uns geboren werden will, der Schoß, der auch in uns im Hinblick auf Jesus Christus von der Sünde ausgenommen ist, der unversehrt ist und rein. Wir sind wie Maria in Jesus Christus, erwählt vor Erschaffung der Welt, damit wir heilig und untadelig leben vor Gott (Eph 1, 4). Es ist in uns etwas Jungfräuliches, das wie in Maria nur von Gott erfüllt werden möchte, in dem Gott auch in uns Gestalt annehmen kann.“ [5]

[5] Anselm Grün, Andrea Schwarz, Und alles lassen, weil Er mich nicht lässt

Die Haltung der Jungfräulichkeit ist meiner Ansicht nach ein Angebot für jede Frau und für jeden Mann, egal in welcher Lebensform.
Für mich, die ich versprochen habe, Jesus in den drei Gelübden – Armut, Keuschheit, Gehorsam – nachzufolgen, bekräftigt es jedoch, dass mir eine jungfräuliche Haltung hilft, ganz für Gottes Wirken an mir, in mir und durch mich offen zu bleiben. Eine jungfräuliche Haltung ist niemals Selbstzweck. Sie dient dem Aufbau des Reiches Gottes. Mich auf einen inneren Weg der Reinigung, der Befreiung einzulassen, verlangt Offenheit, Entschiedenheit und das Vertrauen, dass Gott mir Leben in Fülle schenken will. (vgl. Joh 10, 10)

Muschelwesen

umspült
vom lebendigen Urelement

goldener Zugang
für
so manche Pilgerreise

wartest
auf
den kostbaren Boten,
der
dich heimsucht
auf deinem
mystischen Urgrund

vereint
erlebt ihr
die Dichte
des Seins

Raum und Zeit
verschmelzen
zu einem
inneren Licht

geheimnisvoll
verströmt
die neue Dimension
ihren Lebensodem

Bauer 1999

Muschelwesen, 1999 – Acryl-Mischtechnik auf Leinwand (50 x 70 cm)

WerdeGang

etwas,
jemand
will
Gestalt
gewinnen

schiebt
sich
in
den
Vordergrund

die Klopfzeichen
sind
schwach

taktvoll
bist
Du
am Werk

Wesenskern

gelöst
von
alten Bindungen

Einbruch
des
ganz anderen
DU

Öffnung geschieht

hin
zum Kostbarsten
in
mir

eingrenzende Rahmenbedingungen
bersten

fundierte
raumschaffende
Begrenzung
trägt

Heilige GeistesKraft

feurig-leuchtend
setzt
DU
Herzen
in
Brand

berufst
Zeuginnen
und
Zeugen

hier
und
jetzt

H. Bauer
2002

Heilige GeistesKraft, 2002 – Acryl-Mischtechnik auf Leinwand (70 x 100 cm)
Meditationsbild bei den Barmherzigen Schwestern in Salzburg

Hingabe Wenn ich mich Gott ganz und gar, mit Haut und Haaren, überlasse, dann geschieht das, indem ich meine Lebenspläne von IHM durchkreuzen lasse.

Wenn ich entdecke, dass es nicht darum geht, ständig selbstsüchtigen Zielen nachzulaufen, um mit hängender Zunge und außer Atem mit dem Trend der Zeit Schritt halten zu können, beginne ich, eine Hörende zu werden. Da erst werde ich entdecken, dass Gott mir entgegenkommen will, um mir das wahre Leben zu schenken. Ja, er will es mir schenken, ich brauche es mir nicht zu erleisten!
Doch wo und wann bin ich für Gottes Wort erreichbar – trotz Handy, e-mail, Internet, Anrufbeantworter –, wenn ich ständig „aus dem Häuschen, außer mir bin"?

Erlaube ich Gott, dass er mich heimsucht, so wie Maria, mitten im Alltag? Wann habe ich Platz für Gott auf meinem Timer, meinem Notebook?

Auch die Worte Kreuz und Leid passen nicht so recht in unsere coole (=kalte) Gesellschaft. Wer redet da schon gerne von **HINGABE**?
Und doch sind es gerade die Menschen, die unser Leben erst schön und heimelig machen, die sich zwischendurch Zeit nehmen, die zuhören, die sich auf uns einstellen, die selbstlos und absichtslos da sind.
Jemanden lieben, bedeutet auch absichtslos da zu sein, die eigenen Pläne durchkreuzen zu lassen, die allzu egoistischen Vorstellungen loszulassen, damit der andere auch Raum hat, damit die andere spürt, dass sie ernst- und angenommen ist. Dann beginnt es menschlich zu werden.

Gott kann erst durchkommen, ankommen, wenn ich mein egoistisches Leben loslasse, mich IHM überlasse.
Solch ein Prozess, wenn ich mich darauf einlasse, tut auch weh, weil ich gerne festhalte an Vorstellungen, Gewohnheiten, Abläufen, Bildern, Meinungen, Ängsten, Zweifeln, Sorgen und Nöten.

Ich muss diesen Schritt nicht erstmalig setzen, denn Jesus hat es bereits getan. An mir liegt es, in seine Fußstapfen zu treten, ihm nachzufolgen, wie es auch im Gleichnis vom Weizenkorn heißt:

„Jesus aber antwortete ihnen: Die Stunde ist gekommen, dass der Menschensohn verherrlicht wird. Amen, amen, ich sage euch: Wenn das Weizenkorn nicht in die Erde fällt und stirbt, bleibt es allein; wenn es aber stirbt, bringt es reiche Frucht.
Wer an seinem Leben hängt, verliert es; wer aber sein Leben in dieser Welt gering achtet, wird es bewahren bis ins ewige LEBEN: Wenn einer mir dienen will, folge er mir nach; und wo ich bin, dort wird auch mein Diener sein. Wenn einer mir dient, wird der Vater ihn ehren.“ (Joh 12, 23-26)

Wie wird Jesus verherrlicht, wie wird sein innerstes Wesen sichtbar? Indem er sich hingibt, sich verschenkt. Er gibt nicht etwas von sich. Er gibt sich selbst!
Gottes Wesen ist die Liebe. Die absichtslose, bedingungslose Liebe. Diese Liebe ist frei von jeder Selbstsucht.
Wenn ich mich reinigen lasse von aller Selbstsucht, dann wird mein Leben fruchtbar für die Menschen.

Durchlässigkeit

Blickkontakt
nach
innen

Ich-Verhaftetheit
loslassen

durchströmt
werden
vom göttlichen
DU

da sein
ganz

Kreuz Wenn ich die Erfahrung gemacht habe, dass diese Form der Hingabe, wie sie im Gleichnis vom Weizenkorn beschrieben wird, meinem Leben die Qualität schenkt, nach der ich immer gesucht habe, wenn ich einmal erfahren habe, dass es wahres, echtes, gelungenes, erfülltes **Leben nicht ohne Kreuz** gibt, brauche ich mich auch vor dem Tod nicht mehr zu fürchten.

Der letzte Willensakt, den Jesus am Kreuz vollbracht hat, war, dass er seinen Geist in die Hände des Vaters empfohlen hat. (vgl. Lk 23, 44-49)
Alles was danach kam, lag nicht mehr in Jesu Willen, sondern alleine beim VATER, bei seinem ABBA. Und der Vater hat ihn nicht im Tod gelassen.

Jesus hat den Tod entmachtet, indem er die Pforten der Unterwelt mit seinem göttlichen Leben für immer aufgetan hat. Seither gibt es für die, die an ihn glauben, geschenkhaft, unverdient, gnadenhaft das **ewige Leben**.
Und dieses ewige Leben beginnt nicht erst mit dem Tod, sondern ab dem Moment, wo ich an Jesus, den menschgewordenen, gekreuzigten, auferstandenen Gottessohn **glaube!** Dadurch habe ich Anteil an SEINEM ewigen Leben, weil er DER LEBENDIGE IST – wie im Anfang, so auch jetzt und allezeit. Amen.

Wir sind auf Jesu Tod getauft, damit wir auch mit ihm leben. Das ist das Geheimnis unseres Glaubens: Deinen Tod, oh Herr, verkünden wir und Deine Auferstehung preisen wir, bis Du kommst in Herrlichkeit.

Die Frohe Botschaft – das Evangelium – zu verkünden, ist allen Getauften aufgetragen. Wer das wahre Leben gefunden hat, kann nicht mehr schweigen.

Maria Magdalena hat am Ostermorgen erfahren, dass Jesus auferstanden ist (vgl. Joh 20, 11-18). Sie ist voll Freude zu den Jüngern gerannt, um ihnen diese frohe Botschaft zu verkünden. Auch ich, als Salvatorianerin, als Schwester vom Göttlichen Heiland, will das Evangelium verkünden, weil der Glaube an den Auferstandenen ewiges Leben schenkt!

Kreuzerfahrung

bloß-gestellt

gewaltsam
geöffnet
durch
scharfe Spitzen

Lebendiges
fließt
zu-grunde

Leichenstarre
bis
in
die
kleinste Zelle

Göttliches
stirbt
durch
Menschenhand

und
dann?

Leere

und
dann?

Verzweiflung
Wut
Zorn
Trauer

und dann?

warten
warten
warten

denn ...
Gott
wandelt
unser
Leben
im
Tod

im
tiefsten
Dunkel:

– wartet
das Licht
auf
die Befreiung

– wartet
das Leben
auf
den göttlichen Ruf

– bin
ich
bedingungslos
geliebt
so
wie
ich
bin

Auferstehungs-
Erfahrung

Liebe

„Die Werke Gottes gedeihen nur im Schatten des Kreuzes."[6] Diese Aussage stammt von unserem Ordensgründer Pater Jordan (1848-1918) und er wusste, wovon er spricht. Sein Leben war geprägt von Anfechtungen und Schwierigkeiten, von Verleumdungen und Ängsten, weil er in sich spürte, dass er berufen ist, ein Werk zu gründen, mit verschiedenen Arten der Zugehörigkeit von Klerikern und Laien, von Frauen und Männern in Kirche und Gesellschaft, damit alle Jesus kennen und lieben lernen und so Glück und Heil erfahren. Seine Vision wurde genährt von der Bibelstelle aus dem Johannesevangelium (17, 3): *„Das ist das ewige Leben: dich, den einzigen wahren Gott, zu erkennen und Jesus Christus, den du gesandt hast."*

Erst im Rückblick auf ein Menschenleben erkennt man oft, was diesen Menschen ausgemacht hat. So war es auch bei Jesus. Er lebte die Liebe bis zum bitteren Ende.
Bei der Fußwaschung hat er seinen engsten Vertrauten gezeigt, dass es ums Dienen geht, nicht ums Herrschen.
Beim letzten Abendmahl hat er mit dem Brechen des Brotes und dem Reichen des Weines sichtbar gemacht, dass es darum geht, sein Leben auszuteilen, sich selbst als Nahrung für andere hinzugeben.
Und als er schließlich verhaftet, gequält und gekreuzigt wurde, hat er nicht mit Hass und Gewalt geantwortet, sondern hat seine **Liebe** bis zum Äußersten herausfordern lassen.

Indem er ein Liebender blieb, bis zum Ende, hat er die Hass- und Gewaltspirale durch-kreuzt.

Lieben, bis es weh tut. Lieben, wenn die Vernunft nein sagt. Lieben, dort, wo alles dagegen spricht. Diesen Weg ist Jesus gegangen und hat damit den Sieg davongetragen!

Auferstehung geschieht oft dort, wo der Mensch in den Augen der Menschen, der Welt, scheitert. Die Botschaft von der Auferstehung ist etwas für Menschen, die ihr Leben auf die Karte des GLAUBENS, der HOFFNUNG und der LIEBE setzen.
Auferstehung ist nicht machbar, sie ist reines Geschenk.

---

[6] Pater Jordan, Geistliches Tagebuch, P. Timotheus Edwein SDS, Salvator-Verlag, Zug (CH), Eintragung 163.6 (Seite 290) ISBN 3-920817-34-6.

In unserer Welt, wo es großteils ums Machen geht, wo der Slogan herrscht *„Streng dich an, denn dir wird nichts geschenkt!“*, in dieser unserer Welt gilt auch die christliche Verheißung: *„Alles Leben ist Geschenk!“*, ein Geschenk von Gott, der uns ins Da-Sein geliebt hat, der uns seinen Lebensodem eingehaucht hat (vgl. Gen 2, 7), der seinen Sohn gesandt hat, damit wir das Leben, das Leben in Fülle, das ewige Leben haben!
Mitten im Alltag dem Leben mehr zu trauen als all den todbringenden Prinzipien und Medienberichten, mitten im Alltag das Leben als ein Geschenk zu entdecken und in großer Dankbarkeit und Ehrfurcht damit umzugehen, bleibt unsere Lebensaufgabe.

Göttliche Herzwunde

treu
bis
in den Tod
und
darüber hinaus

menschlich
kaum
begreifbar

zeugst
DU
von
der Liebe

von
der Liebe
Deines ABBA

für
mich

Kostbares BLUT

JESUS,

DU
bist die LIEBE,
wo
der Hass regiert

DU
bist die VERGEBUNG
wo
die Anklage herrscht

DU
bist die HINGABE
wo
die Berechnung sich verweigert

DU
wahrer Mensch
und
wahrer Gott

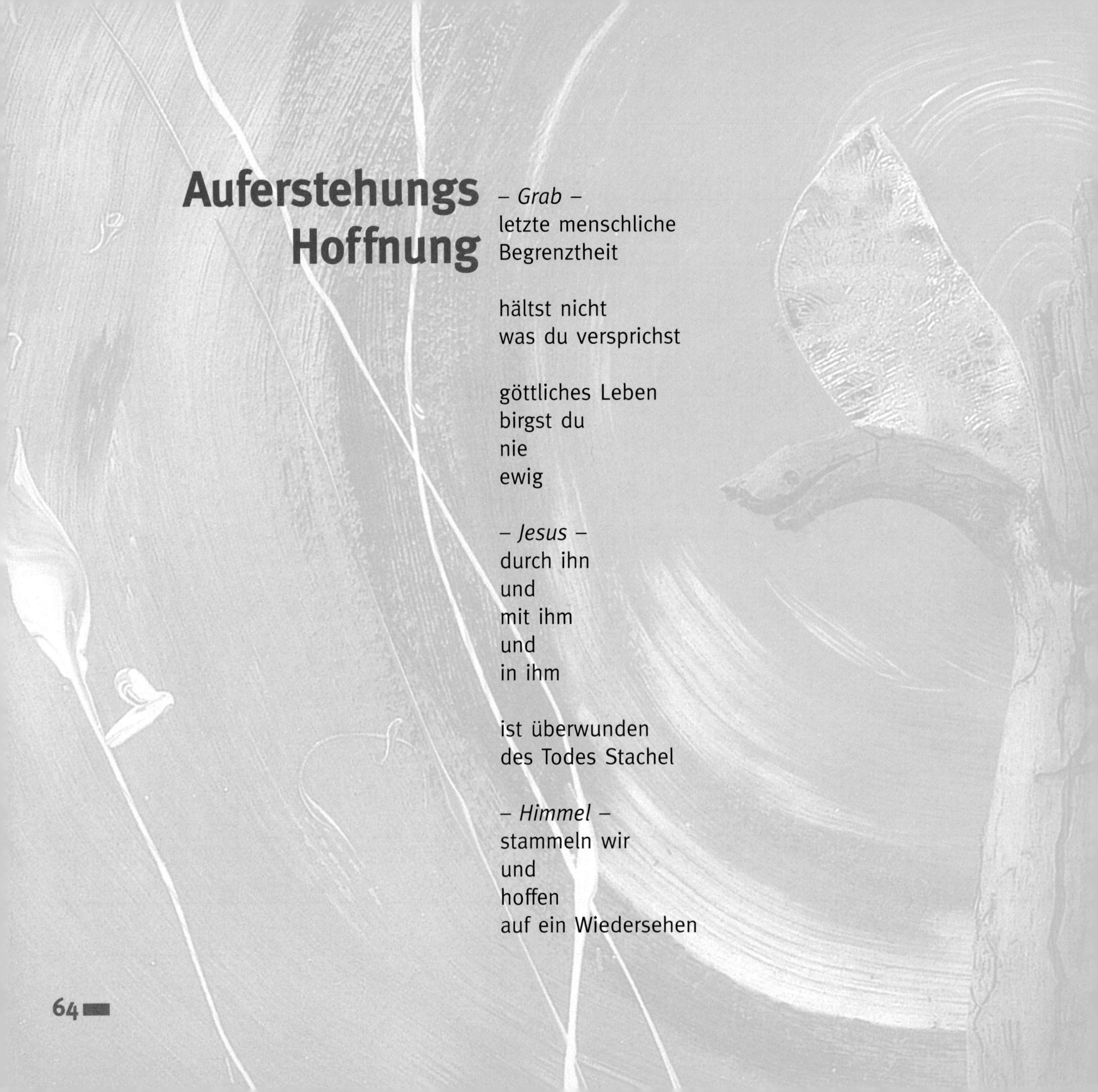

Auferstehungs Hoffnung

– *Grab* –
letzte menschliche
Begrenztheit

hältst nicht
was du versprichst

göttliches Leben
birgst du
nie
ewig

– *Jesus* –
durch ihn
und
mit ihm
und
in ihm

ist überwunden
des Todes Stachel

– *Himmel* –
stammeln wir
und
hoffen
auf ein Wiedersehen

AuferstehungsHoffnung, 2000 – Acryl-Mischtechnik auf Karton (53 x 72,5 cm)

leidenschaftlich hoffen

Oft ist meine ganze Leidenschaft,
meine Bereitschaft zu leiden,
für DICH zu brennen, gefragt,
weil die Hoffnung, dieses kleine Pflänzchen,
vom Bösen, vom Nein- und Aber-Sager,
vernichtet, ausgerottet werden will.

In allen Widerwärtigkeiten hoffen,
weil DU lebst,
weil DU auferstanden bist,
weil DU das Leben bist.

Dem Grün,
dem Leben,
mit aller Herzenswärme dienen,
weil DU, GOTT, bist!

Begegnung

(vgl. Joh 20, 11-18)

im Vordergründigen
Fremdheit

im Altbekannten
Verwirrung

im Loslassen
Erkennen:

MARIA – RABBUNI !

RotWeinBild

gekelterte
Erfahrungen

eröffnen
Sichtweisen

jenseits
des Horizontes

Gastfreundschaft Ein Wert, der in unserer, von Terminen übersättigten Gesellschaft immer mehr verloren geht, ist jener der **Gastfreundschaft**. Jenes Geschehen, das einen anderen Menschen einfach teilhaben lässt am eigenen Leben. Ich meine damit nicht eine oberflächliche Art, wo man einander höflich, kühl (=cool) und distanziert begegnet. Ich meine jene Art und Weise der menschlichen Begegnung, wo ich wirklich Gast sein darf bei einem oder mehreren Menschen, wo ich mein Herz öffnen kann und ich selbst willkommen bin.
Ein Gedicht von George Herbert[7] soll verdeutlichen, was ich damit meine.
Dieses Gedicht wurde für die französische Philosophin Simone Weil wegweisend und zu einem Gebet, das sie innerlich ergriff:

LIEBE

Liebe bot mir Willkomm; doch meine Seele schrak zurück,
In Schuld des Staubes, Schuld der Sünde.
Sie aber, flinken Augs merksam, wie ich träg
Den Fuß kaum von der Schwelle setzte,
Drang näher an mich, zärtlich fragend,
Ob mir etwas zu mangeln schien:

Ein Gast, gab ich zur Antwort, würdig dieses Orts.
Und Liebe sprach: Du sollst es sein.
Ich, der ich des Undanks, der Ungüte voll? Ach lieber Freund,
Der nicht dich anzuschaun vermag.
Liebe ergriff mich bei der Hand und sagte lächelnd:
Wer schuf die Augen, wenn nicht ich?

Zu wahr Herr, aber ich verdarb sie nur, lass meine Schande
Dort hingehen, wo sie es verdient.
Und weißt du nicht, spricht Liebe, wer den Tadel auf sich nahm?
Dann will ich, lieber Freund, dir dienen.
Du musst, spricht Liebe, niedersitzen und mein Mahl genießen.
So setzte ich mich denn und aß.

---

[7] „Englische und amerikanische Dichtung 1, Von Chaucer bis Milton.“, herausgegeben von Friedhelm Kemp und Werner von Koppenfels, Verlag C.H. Beck, München 2000, S. 323.

Was erfreut das Herz mehr, als bei einem geliebten Menschen zu verweilen?
Worte, Blicke, Gesten, alles wird zum Sinnbild für mehr, für Tieferes.
Im wortlosen miteinander Da-Sein die Gegenwart verkosten. Im gemeinsamen Teilen von Brot und Wein die Seelenverwandtschaft entdecken, die Göttliches in uns erahnen lässt.
Miteinander das Leben teilen, offenherzig mich zeigen, so wie ich geworden bin. Diese Offenheit ermöglicht auch dir, deine Maske fallen zu lassen und dich als der Mensch zu offenbaren, der du bist, mit deiner ganzen Geschichte.

Was für menschliches Miteinander gilt, gilt noch viel mehr für die Begegnung mit Gott in Jesus Christus. Durch ihn und mit ihm und in ihm, darf ich mich erkennen, wie ich wirklich bin. Sein liebevoller Blick dringt tief in mich ein, auch da, wo ich etwas verbergen will.
Vor ihm darf ich innerlich nackt und bloß erscheinen, weil alles so sein darf, wie es ist, weil er ein Freund des Lebens ist. (vgl. Weish 11, 23-26)
Mich im Blick Jesu als die zu erkennen, die ich bin, schenkt große Freiheit. Bedingungslos geliebt zu sein, ermöglicht Umkehr, Vergebung, Versöhnung, Liebe.

Am Nullpunkt, in tiefster Nacht, da wird der Glaube geprüft, da bewährt sich alles! Da werden die Freundschaft und die Treue auf die Probe gestellt, da geschieht das Entscheidende.

Gastfreundschaft, verstanden als tiefe menschliche Begegnung, hat Willi Lambert SJ bei einem Vortrag einmal so ausgedrückt: *„Wir Menschen sind, radikal ausgedrückt, Anthropophagen (*=Menschenfresser). *Wir leben voneinander.“*

Wenn ich das teile, was mich zutiefst innerlich satt macht, dann ist das die hohe Kunst der Gastfreundschaft, weit über das Teilen der Nahrung hinaus.

So verstandene Gastfreundschaft lässt uns dem Geheimnis der Eucharistie ganz nahe kommen. Jesus schenkt sich selbst in der Gestalt von Brot und Wein. Er will sich ganz mit uns vereinen, damit wir gewandelt und IHM ähnlich werden.

Meine Bilder und Texte möchten ein Beitrag sein, Gastfreundschaft zu leben:
Ich teile das mit der Betrachterin, dem Betrachter, was mir innerlich geschenkt wurde und was ich dann in Bild und Wort ausgedrückt habe.
Mir wurde und ist es Nahrung, und ich teile gerne mit denen, „die hungrig sind"!

absichtslos

im
absichtslosen
SEIN

im
absichtslosen
füreinander
SEIN

im
absichtslosen
ungeschützten
füreinander
SEIN

dich
und
mich
erkennen

bruchstückhaft

Agape göttliches Liebesmahl

mitten
im
Alltag

dort
wo
der Dornbusch
brennt

Vertrauen

aufrecht
im
Dunkel der Nacht

entfernten
Ahnungen
trauen

der
Verheißung
entgegen

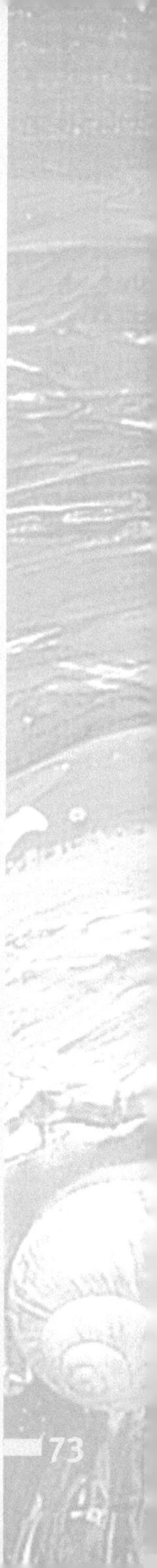

Schneckenwesen

eingegraben
im schützenden Sand
gut versteckt
unter lebendigem Grün
ruhend
auf steinigem Grund

dann und wann
verlässt du deine Höhle

um dich
ungeschützt, bloß, verletzlich
kurz gesagt:
authentisch
– so wie du bist –

der Mitwelt zu zeigen
um mit ihr zu kommunizieren
mit ihr das zu teilen
was kostbar
in deinem Inneren gereift

Offenheit und Vertrauen
sind gute Vorboten
für eine Begegnung

ich bin bereit
und
freu mich auf dich

Bauer
1999

Schneckenwesen, 1999 – Acryl-Mischtechnik auf Leinwand (70 x 100 cm)

Ährengold

(nach Joh 6, 35)

göttliche
Nahrung

stillst
meinen
Lebenshunger

reichst
Dich
mir

reichst
Dich
allen Menschen

täglich – auch heute
gibst
Du Dich hin

Jesus fleisch-
gewordenes Wort
Brot des Lebens

„Ährenhafte Beziehung“

genährt
vom
göttlichen DU

selbst
Nahrung sein
für die,
die mir anvertraut

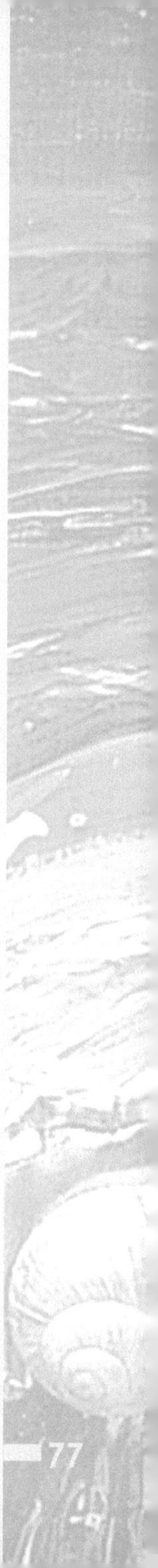

Strahlkraft

Gott-Verbundenheit
bricht
sich Bahn

dann

wenn
das Liebesglühen
mich
verzehrt

Strahlkraft, 2001 – Acryl-Mischtechnik auf Leinwand (80 x 80 cm)

Fenster zur Ewigkeit

was
sonst
als
stille
Gegenwart
für
mich
erahnbar
nur

ist
hier
als
Bild
nun
offenbar:

im
güldnen
Mund
verborgen

das
Geheimnis
dunkler
Nacht

leuchtend
hell
dem
Auge
gleich

Dein
Göttlich’
strahlend
Blick

göttlicher Liebesquell

(vgl. Joh 4)

Leben spendender
überfließender
Reichtum

brichst
lautlos
hervor
aus
göttlichem
Urgrund

schenkst
Dich
Dürstenden

offenbarst
Dich
mir
als
Quelle,
die
auch
in
meinem
Innern
fließt

das
ist
Gnade!

LeuchtKraft

geschützt
im
Liebesschatten
der
Gottebenbildlichkeit

umhüllt
vom
Strahlkranz
der
Herrlichkeit

das
brennende
Verlangen
der
Gotteinung

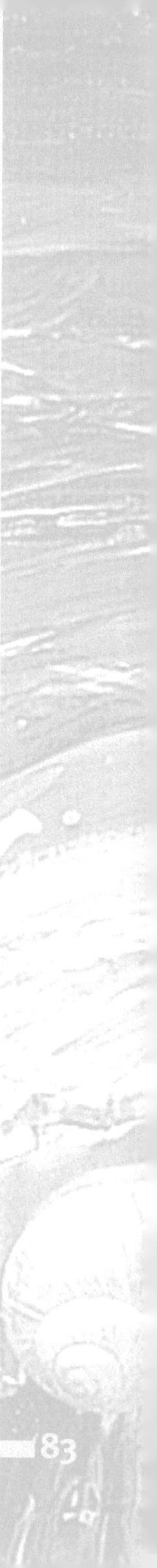

Licht des NICHTS

tief
drinnen
verborgen
im
Lebendigen

Offenbarung
für
diejenigen,
die
sehnsüchtig
wach
offen
beherzt

dem
„ICH bin der WEG,
die WAHRHEIT und das LEBEN“
folgen

dorthin
wo
ALLES NICHTS
und
NICHTS ALLES
wird!

mich GANZ DIR überlassen

aus Liebe
leiden
heute

aus Liebe
verzichten
heute

aus Liebe
sterben
heute

DU
bist
diesen Weg
schon
vor
mir
gegangen

ich
will
DIR
folgen

in
Freiheit

das Kreuz lieben

durchkreuztes Leben lieben
durchkreuzte Pläne lieben
durchkreuzte Wege lieben
durchkreuzte Liebe lieben
durchkreuzte Zukunft lieben
durchkreuztes ICH lieben
DICH lieben
lebendig durchkreuzter Gott
der DU mich liebst
mit offen verwundetem Herzen
woher Dein Herzblut strömt
bezeugend Deine Liebe
Deine unendliche

Du bist treu
bis in den Tod,
treu,
der Botschaft vom uns liebenden Gott,
der unsere selbstgewählten Pläne durchkreuzt
und dadurch
richtungs-weise-nd wird,
Umkehrschleifen bereithaltend,
die den Blick auf unser Innerstes freigeben:

auf
unser
Herz

Sr. Heidrun Bauer SDS, geb. 1968

Aufgewachsen in Erlach, Niederösterreich.
Volks- und Hauptschule in Erlach.
Handelsakademie in Wr. Neustadt.
5 Jahre Exportsachbearbeiterin in einer Glasfabrik.
1992: Eintritt in die internationale Kongregation der Salvatorianerinnen.
1992-1996: Ordensausbildung in Niederösterreich und Wien.
1996: Erste Profess und Übersiedelung nach Gurk.
1996/1997: Tätig in der Organisation und Leitung des Gästehauses St. Hemma in Gurk.
1998: Schwere Erkrankung und Lebenskrise – begonnen, wieder vermehrt zu malen und zu schreiben.
1999: Erste Ausstellung, Beginn der Geistlichen Begleitung von Einzelpersonen, im September Bezug des ersten Ateliers.
2001: Profess auf Lebenszeit in der Gemeinschaft der Salvatorianerinnen.
2003/2004: Übersiedelung des Ateliers in den 1. Stock im Propsthof in Gurk
September 2004: Jubiläumswoche „5 Jahre Atelier".

Mein momentaner Tätigkeitsbereich umfasst die Geistliche Begleitung von Einzelpersonen im Rahmen verschiedenster Angebote im Gästehaus St. Hemma in Gurk und meine künstlerische Tätigkeit im eigenen Atelier im Propsthof in Gurk.

Auf folgende Ausstellungen blicke ich dankbar zurück

- April 1999: Erste öffentliche Ausstellung im Club D&A, Wien.
- Sept./Okt. 1999: Ausstellung im St.-Josef-Krankenhaus der Salvatorianerinnen in Wien.
- Okt. 1999: Ausstellung im Rahmen der Kulturtage in Erlach, NÖ.
- Februar – April 2000: Ausstellung im Bildungshaus St. Georgen/Längsee, Kärnten.
- März/April 2001: Ausstellung in der Erzabtei St. Peter in Salzburg.
- Februar – April 2002: Ausstellung im Gemeinde- und Seelsorgezentrum Franz v. Sales in Klagenfurt.
- November 2002 – Jänner 2003: Ausstellung im Kardinal-König-Haus in Wien.
- April/Mai 2003: Ausstellung in der Salvatorpfarre, in der Kulturhauptstadt Graz.
- April – Juni 2004: Ausstellung im Beratungszentrum Krems der Caritas der Diözese St. Pölten.
- September 2004: Jubiläumswoche „5 Jahre Atelier" im Propsthof in Gurk.

CD-AuferstehungsKlänge

- April 2005 Veröffentlichung der CD-AuferstehungsKlänge; eine Gemeinschaftsproduktion mit Mauricio Pergelier, Organist und Chorleiter im Dom zu Gurk, seiner Frau Edith Pergelier und Sr. Heidrun Bauer SDS. Zu hören sind Renaissance- und Barockmusik, interpretiert auf Orgel und Clavichord, Gesang sowie Texte, gesprochen und verfasst von Sr. Heidrun Bauer SDS.
  Die Texte und Bilder sind in der Broschüre „AuferstehungsFarben" veröffentlicht. Die CD und die Broschüre sind über u.g. Adresse zu beziehen.

Ich danke meinen Mitschwestern in der Österreichischen Provinz der Salvatorianerinnen, dass es mir möglich ist, innerhalb eines größeren Ganzen, meine Talente und Fähigkeiten voll und ganz zu entfalten, um so zur Ehre Gottes und zum Heil der Menschen zu wirken.
Ich danke den Salvatorianern, die es mir ermöglichen, einen wunderschönen Raum im Propsthof in Gurk als Atelier zu nutzen.
Ich danke auch allen Menschen, die mir im Rahmen der Geistlichen Begleitung ihr Vertrauen schenken, mich in großer Offenheit an ihrem Leben teilhaben lassen und so auch zu meinem persönlichen Wachstum beitragen.
Ich danke allen meinen engen Freundinnen und Freunden, die mich bis heute in den Höhen und Tiefen meines Lebens begleitet haben und mir immer zur rechten Zeit zur Seite stehen. Ihr seid wahre Gottesgeschenke!

Literaturnachweis

Die zitierten Bibelstellen sind der Einheitsübersetzung der Heiligen Schrift © Katholische Bibelanstalt, Stuttgart 1980, entnommen.

Anselm Grün, Andrea Schwarz, Und alles lassen, weil Er mich nicht lässt, Herder, Freiburg im Breisgau, 7. Gesamtauflage 2001. / **Antoine de Saint-Exupéry**, Der Kleine Prinz, Karl Rauch Verlag, Düsseldorf 1998. / **Martin Buber,** Das Buch der Preisungen. Die Psalmen, München. / **Englische und amerikanische Dichtung 1**, Von Chaucer bis Milton., hgg. Friedhelm Kemp u. Werner von Koppenfels, Verlag C.H. Beck, München 2000. / **Pater Jordan,** Geistliches Tagebuch, P. Timotheus Edwein SDS, Salvator-Verlag, Zug (CH). / **Teresa von Avila**, Das Buch meines Lebens, HERDER spektrum Bd. 5211, Freiburg i. Br., 3. Auflage 2004.

Alle im Buch abgedruckten Bilder sind auch als meditative Faltkarten mit einem Besinnungstext auf der Rückseite erhältlich. Sie sind über nachstehende Adresse zu beziehen:

Sr. Heidrun Bauer SDS

ATELIER & GEISTLICHE BEGLEITUNG

A-9342 Gurk, Domplatz 11/1. Stock Propsthof

heidrun.sds@dom-zu-gurk.at
www.dom-zu-gurk.at
www.sds-austria.at

Sr. Heidrun Bauer SDS, geb. 1968

Aufgewachsen in Erlach, Niederösterreich.
Volks- und Hauptschule in Erlach.
Handelsakademie in Wr. Neustadt.
5 Jahre Exportsachbearbeiterin in einer Glasfabrik.
1992: Eintritt in die internationale Kongregation der Salvatorianerinnen.
1992-1996: Ordensausbildung in Niederösterreich und Wien.
1996: Erste Profess und Übersiedelung nach Gurk.
1996/1997: Tätig in der Organisation und Leitung des Gästehauses St. Hemma in Gurk.
1998: Schwere Erkrankung und Lebenskrise – begonnen, wieder vermehrt zu malen und zu schreiben.
1999: Erste Ausstellung, Beginn der Geistlichen Begleitung von Einzelpersonen, im September Bezug des ersten Ateliers.
2001: Profess auf Lebenszeit in der Gemeinschaft der Salvatorianerinnen.
2003/2004: Übersiedelung des Ateliers in den 1. Stock im Propsthof in Gurk
September 2004: Jubiläumswoche „5 Jahre Atelier".

Mein momentaner Tätigkeitsbereich umfasst die Geistliche Begleitung von Einzelpersonen im Rahmen verschiedenster Angebote im Gästehaus St. Hemma in Gurk und meine künstlerische Tätigkeit im eigenen Atelier im Propsthof in Gurk.

Auf folgende Ausstellungen blicke ich dankbar zurück

- April 1999: Erste öffentliche Ausstellung im Club D&A, Wien.
- Sept./Okt. 1999: Ausstellung im St.-Josef-Krankenhaus der Salvatorianerinnen in Wien.
- Okt. 1999: Ausstellung im Rahmen der Kulturtage in Erlach, NÖ.
- Februar – April 2000: Ausstellung im Bildungshaus St. Georgen/Längsee, Kärnten.
- März/April 2001: Ausstellung in der Erzabtei St. Peter in Salzburg.
- Februar – April 2002: Ausstellung im Gemeinde- und Seelsorgezentrum Franz v. Sales in Klagenfurt.
- November 2002 – Jänner 2003: Ausstellung im Kardinal-König-Haus in Wien.
- April/Mai 2003: Ausstellung in der Salvatorpfarre, in der Kulturhauptstadt Graz.
- April – Juni 2004: Ausstellung im Beratungszentrum Krems der Caritas der Diözese St. Pölten.
- September 2004: Jubiläumswoche „5 Jahre Atelier" im Propsthof in Gurk.

CD-AuferstehungsKlänge

- April 2005 Veröffentlichung der CD-AuferstehungsKlänge; eine Gemeinschaftsproduktion mit Mauricio Pergelier, Organist und Chorleiter im Dom zu Gurk, seiner Frau Edith Pergelier und Sr. Heidrun Bauer SDS. Zu hören sind Renaissance- und Barockmusik, interpretiert auf Orgel und Clavichord, Gesang sowie Texte, gesprochen und verfasst von Sr. Heidrun Bauer SDS.
  Die Texte und Bilder sind in der Broschüre „AuferstehungsFarben" veröffentlicht. Die CD und die Broschüre sind über u.g. Adresse zu beziehen.

Ich danke meinen Mitschwestern in der Österreichischen Provinz der Salvatorianerinnen, dass es mir möglich ist, innerhalb eines größeren Ganzen, meine Talente und Fähigkeiten voll und ganz zu entfalten, um so zur Ehre Gottes und zum Heil der Menschen zu wirken.
Ich danke den Salvatorianern, die es mir ermöglichen, einen wunderschönen Raum im Propsthof in Gurk als Atelier zu nutzen.
Ich danke auch allen Menschen, die mir im Rahmen der Geistlichen Begleitung ihr Vertrauen schenken, mich in großer Offenheit an ihrem Leben teilhaben lassen und so auch zu meinem persönlichen Wachstum beitragen.
Ich danke allen meinen engen Freundinnen und Freunden, die mich bis heute in den Höhen und Tiefen meines Lebens begleitet haben und mir immer zur rechten Zeit zur Seite stehen. Ihr seid wahre Gottesgeschenke!

Literaturnachweis

Die zitierten Bibelstellen sind der Einheitsübersetzung der Heiligen Schrift © Katholische Bibelanstalt, Stuttgart 1980, entnommen.

Anselm Grün, Andrea Schwarz, Und alles lassen, weil Er mich nicht lässt, Herder, Freiburg im Breisgau, 7. Gesamtauflage 2001. / **Antoine de Saint-Exupéry**, Der Kleine Prinz, Karl Rauch Verlag, Düsseldorf 1998. / **Martin Buber,** Das Buch der Preisungen. Die Psalmen, München. / **Englische und amerikanische Dichtung 1**, Von Chaucer bis Milton., hgg. Friedhelm Kemp u. Werner von Koppenfels, Verlag C.H. Beck, München 2000. / **Pater Jordan,** Geistliches Tagebuch, P. Timotheus Edwein SDS, Salvator-Verlag, Zug (CH). / **Teresa von Avila**, Das Buch meines Lebens, HERDER spektrum Bd. 5211, Freiburg i. Br., 3. Auflage 2004.

Alle im Buch abgedruckten Bilder sind auch als meditative Faltkarten mit einem Besinnungstext auf der Rückseite erhältlich. Sie sind über nachstehende Adresse zu beziehen:

Sr. Heidrun Bauer SDS

ATELIER & GEISTLICHE BEGLEITUNG

A-9342 Gurk, Domplatz 11/1. Stock Propsthof

heidrun.sds@dom-zu-gurk.at
www.dom-zu-gurk.at
www.sds-austria.at